DONATELLO

A PADOUE

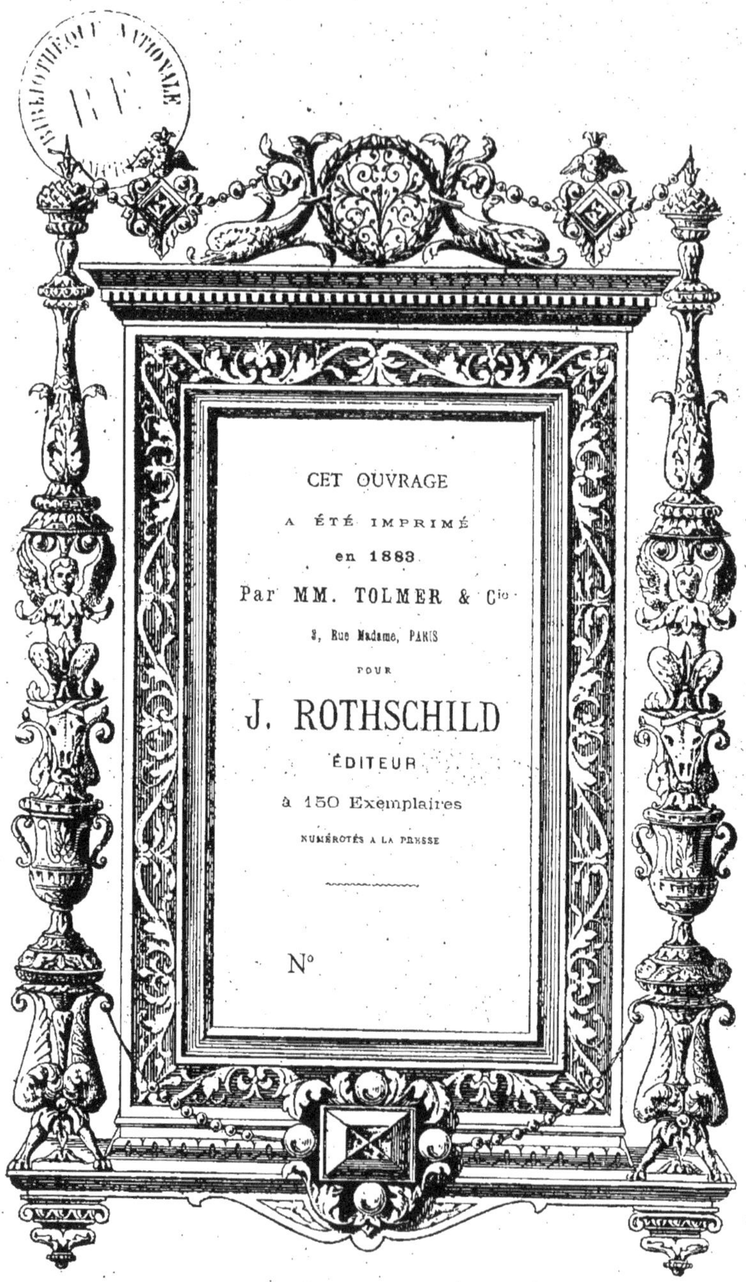

CET OUVRAGE
A ÉTÉ IMPRIMÉ
en 1883
Par MM. TOLMER & Cie
3, Rue Madame, PARIS
POUR
J. ROTHSCHILD
ÉDITEUR
à 150 Exemplaires
NUMÉROTÉS A LA PRESSE
N°

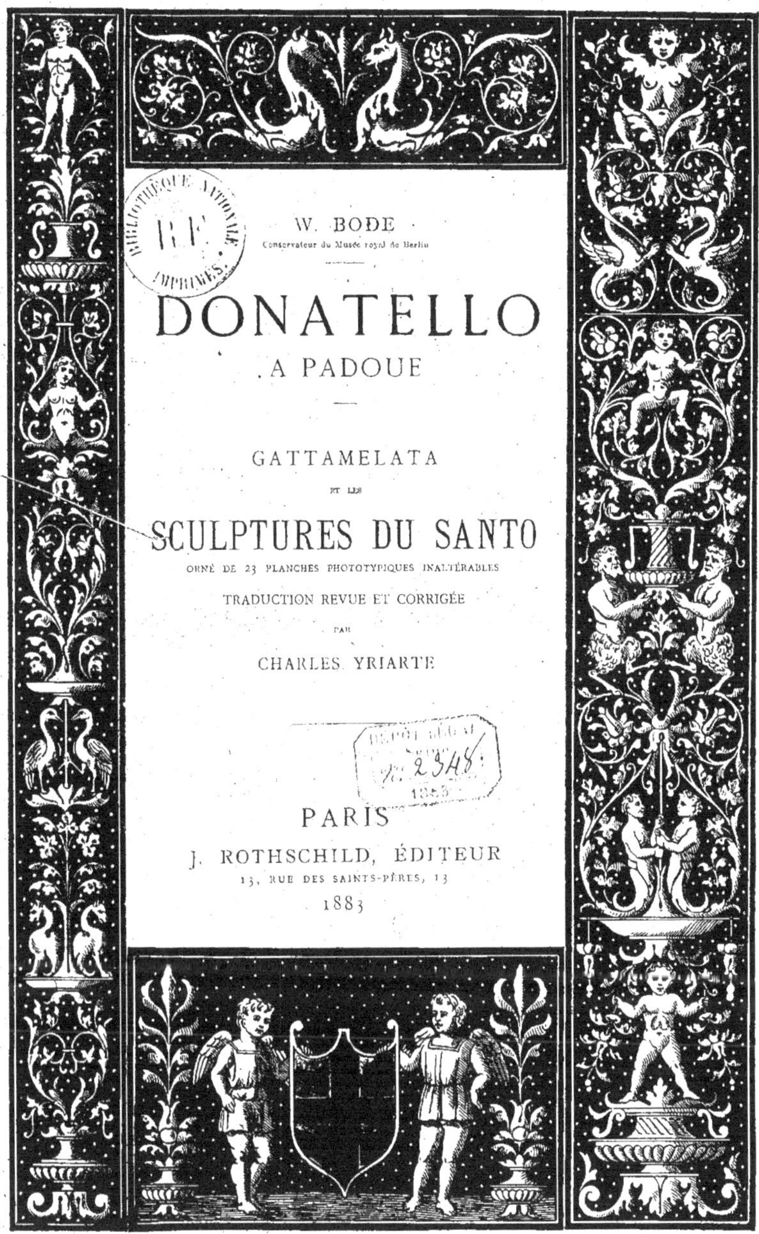

W. BODE
Conservateur du Musée royal de Berlin

DONATELLO

A PADOUE

GATTAMELATA

ET LES

SCULPTURES DU SANTO

ORNÉ DE 23 PLANCHES PHOTOTYPIQUES INALTÉRABLES

TRADUCTION REVUE ET CORRIGÉE

PAR

CHARLES YRIARTE

PARIS

J. ROTHSCHILD, ÉDITEUR

13, RUE DES SAINTS-PÈRES, 13

1883

DONATELLO A PADOUE

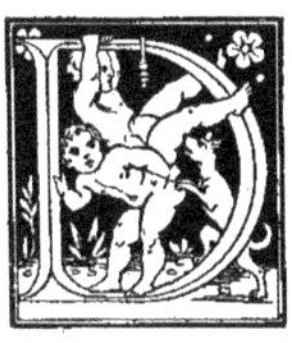

E MÊME que la sculpture, dite de la Protorenaissance italienne, c'est-à-dire celle de la seconde partie du XIIIe et de la première partie du XIVe siècle, ne devint réellement grande et monumentale qu'à l'école des Pisani et de leurs successeurs; de même la Renaissance italienne au point de vue sculptural est, à proprement parler, tout entière dans l'École florentine. C'est à Florence qu'elle a toujours suivi sa marche ascendante, c'est là qu'elle est arrivée à son apogée. On ne saurait, certes, nier que dans d'autres parties de l'Italie, et notamment à Venise, l'art plastique se distingue par sa grandeur et même par son originalité; mais son caractère y est plutôt exclusivement décoratif. Quant aux principaux foyers artistiques, c'est Florence qui les inspire et qui les vivifie; c'est le cas à Rome, à Naples, à Milan et même à Sienne, quoique cette dernière ville, au début de la Renaissance, ait suivi une direction artistique entièrement indépendante; direction que lui imprimait Jacopo della Quercia. Sienne rivalisait alors avec l'École de Florence. Toute l'Italie rendait volontiers hommage à cette supériorité de la plastique florentine, qui, grâce au talent de ses maîtres, à la perfection et à la variété de leurs œuvres, atteignit, dans l'espace d'un siècle, à un degré de supériorité qui ne fut égalé que par la beauté de l'art grec. S'agissait-il, à Naples comme à Rome, à Sienne comme à Milan, ou même à Venise, de résoudre n'importe quel grand problème artistique : on s'adressait aussitôt à Florence. Lorsque la république de Venise résolut d'ériger une statue équestre en bronze en l'honneur de son capitaine général Gattamelata, on eut tout naturellement l'idée de confier à un sculpteur florentin, Donatello, l'exécution d'une œuvre qu'aucun artiste n'avait encore entreprise depuis l'antiquité romaine.

Erasmo de Narni, dit Gattamelata, mourut en 1443, à Padoue, des suites d'une maladie qui avait subitement arrêté sa course victorieuse contre les troupes milanaises. En reconnaissance de ses services, le Sénat vénitien décréta l'exécution d'un monument commémoratif, dont les frais furent payés par la veuve. On en chargea immédiatement Donatello, et l'été de l'année suivante (1444), nous le trouvons à Padoue occupé à ce travail, qui le retiendra dans cette ville pendant une dizaine d'années. Ce n'est qu'en 1453 que l'artiste s'entend avec les héritiers de Gattamelata sur le prix de la statue, qui a dû être complètement terminée à cette époque; car l'année suivante, on constate la présence de Donatello à Sienne. Mais, pendant ce long espace de temps, l'infatigable et fécond artiste n'était pas exclusivement adonné à l'exécution de ce monument. Les immenses travaux préparatoires, et notamment tous les détails de la fonte, que Donatello confia à un fondeur de cloches très-habile, lui permirent de consacrer son activité à d'autres œuvres. Dans les années 1450 et 1451, nous le trouvons occupé au modelage d'un monument de Saint Anselme pour Mantoue; dans la même année (1451), l'artiste s'engage à faire pour Modène la statue équestre du tyran Borso d'Este, et, deux ans plus tard, cette ville le prie de remplir ses engagements. Ces deux œuvres sont probablement restées à l'état de projet. Donatello a fait aussi un séjour à Venise; à défaut de documents écrits, nous en avons pour preuve une statue en bois peint, de Saint Jean-Baptiste, placée dans le chœur des Frari de cette ville.

Mais c'est surtout à Padoue que le grand artiste déploya toute son activité; outre la statue équestre de Gattamelata, il s'était engagé à exécuter les sculptures décoratives du maître-autel de l'église Saint-Antoine, principale église de Padoue, connue sous le nom du Santo. L'ensemble décoratif de cet autel se compose des œuvres suivantes : un grand Crucifix, une statue de la Vierge avec l'Enfant Jésus et six statues de saints, quatre épisodes avec de nombreux personnages, tirés de la Vie de saint Antoine, autant de tables avec les Symboles évangéliques, deux reliefs avec la Piété, et douze tables également en relief, ornées d'enfants (*Putti*) jouant de divers instruments. Tous ces sujets sont exécutés en bronze. Il faut ajouter encore à cette énumération une grande Mise au tombeau, bas-relief en stuc, jadis peint, aujourd'hui bronzé. Le tout forme un ensemble très-bien composé, très-complet, et en même temps d'une grande variété; il constitue une œuvre magistrale, et comme on en trouve peu dans la Renaissance italienne. Ce chef-d'œuvre, joint à la statue équestre de Gattamelata, nous donne une idée parfaite de la force créatrice de Donatello. Nous sommes d'ailleurs renseignés à cet égard par une série de documents qui nous initient à la manière de faire du maître et aux progrès de ses travaux.

Malheureusement, l'autel de Padoue a dû faire place, au bout de deux cents ans, à une nouvelle construction dans laquelle on a assez mal distribué une partie des bronzes, seulement, et notamment les statues de Donatello, tandis que le reste a été éparpillé dans les autres parties du chœur et dans la chapelle du Saint-Sacrement. Il s'ensuit qu'il est difficile de bien étudier les originaux, et qu'il est presque impossible d'obtenir les photographies d'un certain nombre d'entre eux. Aussi les reproductions phototypiques des œuvres de Donatello, faites d'après les moulages, qui viennent d'être exposées au musée de Berlin — sauf quelques-unes des statues — seront-elles accueillies avec reconnaissance par tous les amis des Arts. [1]

Nous allons donner quelques explications nécessaires à l'intelligence de ces reproductions, nous nous appuierons dans nos commentaires sur les belles et savantes recherches de Gonzati (*La Basilica di San Antonio*); ce sera jeter quelque lumière sur ces œuvres considérables et sur leurs origines.

[1] L'Administration des Musées royaux de Berlin, ayant fait exécuter ces moulages, a donné aux collections européennes l'occasion de posséder à leur tour les reproductions de ces chefs-d'œuvre.

STATUE ÉQUESTRE DE GATTAMELATA

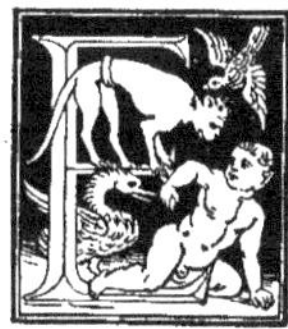

RASMO DE NARNI, dit Gattamelata (chat tacheté), une des personnalités les plus remarquables et à la fois les plus sympathiques du condottiérisme, qui a joué un si grand rôle au xv⁰ siècle en Italie, était le fils d'un simple paysan : c'est comme mercenaire qu'il commença à servir dans l'armée. Pendant qu'il était à la solde de la ville de Bologne, il prit part aux luttes incessantes de la Romagne, principal foyer et centre des condottieri ; il s'y distingua tellement qu'il finit par devenir chef d'une poignée d'hommes. Il entra alors (1435), avec 450 cavaliers et 800 fantassins, au service de la république de Venise, qui souffrait alors des cruelles exactions des troupes de Filippo Maria Visconti, duc de Milan. Souvent arrêté dans le cours de ses succès par la méfiance des autorités vénitiennes, il lutta presque constamment pendant cinq ans, avec des chances diverses, contre Piccinino, chef redoutable de l'armée milanaise, jusqu'au jour où, grâce au concours des troupes florentines, commandées par Francesco Sforza, il gagna à Arco (1440) une bataille décisive qui lui livra Vérone et Brescia. Il ne devait pas recueillir les fruits de cette victoire : une attaque d'apoplexie le força de quitter l'armée et d'aller soigner sa santé à Padoue, où la République lui fit don d'une vaste propriété ; un second accès du même mal l'emporta le 16 janvier 1443. Toute pleine encore du souvenir de ses succès, de son ardeur au combat, de sa vaillance, de son dévouement sans exemple et de toutes ses vertus militaires, la République de Venise, qui ne donnait que de bien rares témoignages de sa reconnaissance, décréta qu'une statue équestre en bronze serait érigée, en son honneur, devant l'église du Santo, à Padoue. La veuve du héros se chargea des frais de ce monument, et l'exécution en fut confiée à Donatello.

Ce n'était pas la première fois que Venise faisait cet honneur à un de ses glorieux, soldats ; aujourd'hui, encore, le tombeau de Paolo Savello (1405), dans la nef de droite de Santa Maria dei Frari, à Venise, est surmonté de la statue équestre en bois doré de ce capitaine de la République. Au xiv⁰ siècle déjà, les monuments de ce genre étaient très-répandus dans la haute Italie; nous n'en voulons pour preuve que les monuments du Scaliger, à Vérone. Ce n'était pas la première fois non plus qu'on demandait à Donatello d'entreprendre un travail semblable. Alphonse d'Aragon, après la prise de Naples (1442), lui avait demandé un travail de la même nature; mais cette démarche semble n'avoir eu aucun résultat, car l'année suivante la ville de Padoue signa un contrat avec l'artiste.

La statue équestre de Gattamelata n'ayant pas été payée sur les fonds publics, nous n'avons point de documents officiels qui nous renseignent sur la marche de ce grand travail. Nous savons seulement qu'en 1453 l'artiste s'est entendu avec les héritiers pour le prix de son ouvrage, et qu'il a reçu d'eux une somme de 1,650 florins en or. On peut donc admettre que la statue était entièrement terminée à cette époque; elle était peut-être même déjà posée sur le socle imaginé par Donatello. Le maître avait donc mis juste dix années à achever sa tâche, ce qui prouve combien il l'avait prise à cœur. Il existe une pièce fort intéressante à l'appui de ces immenses travaux préparatoires : c'est un cheval de bois colossal, conservé aujourd'hui dans le Palazzo della Ragione, à Padoue. Cette œuvre, ingénieusement composée d'une quantité de petits morceaux de bois mobiles, était pour l'artiste une étude préparatoire à l'exécution du modèle en cire. Une étude de cette nature était, en effet, indispensable; car, depuis les Romains, c'était la première fois qu'un sculpteur était chargé de créer en bronze une statue équestre de dimension colossale.

Envisagée à ce seul point de vue, l'œuvre de Donatello serait déjà digne d'admiration comme une des plus belles créations de la plastique, et pourrait être placée au niveau du Colleoni, exécuté quarante ans plus tard par son élève Verrocchio. Sa valeur artistique absolue peut hardiment soutenir la comparaison avec cette fameuse statue équestre qui se dresse devant la Scuola de San Marco, à Venise. Si l'on considère l'effet d'ensemble du monument. cavalier, cheval et socle, le Gattamelata paraîtra de beaucoup inférieur au Colleoni; ce géant de fer, serrant entre ses cuisses robustes son coursier de bataille qui se cabre et s'élance en avant, produit sur l'esprit du spectateur une impression profonde et irrésistible; et le Colleoni est certainement un des monuments équestres les plus grandioses de tous les temps. La statue de Gattamelata gagne, en revanche, à être attentivement examinée. Il y a ici un contraste calculé entre le cavalier et son coursier. Si l'unité d'attitude et de mouvement de l'homme et de sa monture exerce un puissant attrait dans le Colleoni, on n'est pas moins charmé de voir dans le Gattamelata cette heureuse opposition entre les formes colossales du cheval et les traits fins et intelligents du cavalier, dont le corps, toute proportion gardée, est évidemment plus petit. Donatello, le plus puissant après Michel-Ange, et parfois même le plus audacieux sculpteur des temps modernes, a su imposer ici une certaine retenue à son souple talent, afin de respecter l'individualité de son sujet. Ce qui frappe, en effet, dans l'homme et dans le coursier du Gattamelata, c'est la même délicatesse d'observation, la même tendance à conserver le caractère individuel. L'attitude calme et digne du personnage, rehaussée par une armure pleine de goût, d'un style quelque peu antique, ses traits distingués, mais que le rude métier des armes a sillonnés de rides profondes, son regard fixe, légèrement voilé, qui suit avec anxiété les péripéties d'une bataille, sa main droite enfin, levée, et tenant le bâton du commandement : tout contribue à donner une idée parfaite d'un général sérieux et expérimenté; comme, de son côté, la statue de Colleoni exprime à merveille le caractère impétueux et violent du grand capitaine. L'exécution répond d'ailleurs on ne peut mieux à cette manière de concevoir la personnalité du héros; elle est dans toutes ses parties d'une perfection achevée, rare même chez Donatello, et la position du monument ne fait pas assez ressortir ces qualités. Cela est vrai surtout de la tête et des mains du cavalier, ainsi que de l'ornementation de la selle et des armes, où l'artiste a donné libre carrière à sa féconde imagination. On ne peut pas en dire autant de la fonte qui, du reste, n'est pas l'œuvre de Donatello lui-même; le bronze est très-mince, dans certains endroits, souvent il est bosselé et parfois troué. Mais il faut reconnaître que la tâche était extrêmement difficile, même pour le fondeur.

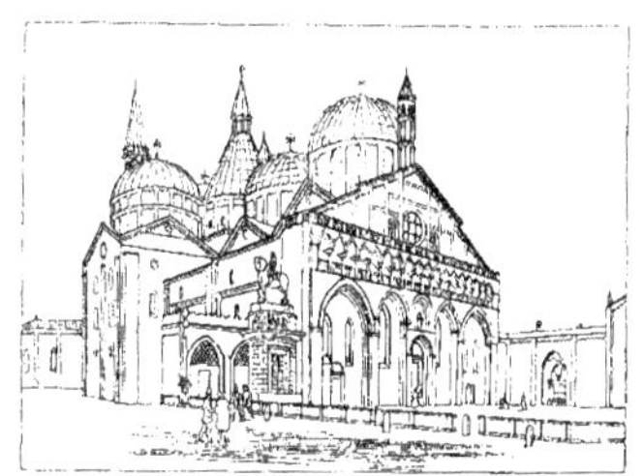

LE MAITRE-AUTEL DU SANTO

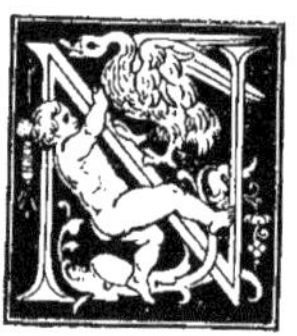ous avons déjà fait remarquer précédemment que les études et travaux préparatoires que nécessitait la création du Gattamelata laissaient de nombreux loisirs à Donatello. Il en profita pour accepter, dans cette ville de Padoue, où il était venu exercer son talent, d'autres commandes, qu'on s'empressa de lui donner. C'est à ces circonstances qu'on doit la magnifique décoration du maître-autel de la Chiesa di San Antonio, dite il Santo. A en juger par les documents détaillés qu'on trouve dans les archives de cette église, la commande n'a pas dû être faite en une seule fois. On demanda d'abord au grand artiste un *Crucifix*, et ce n'est que deux ans plus tard, avant que celui-ci ne fût entièrement terminé, qu'on le pria d'achever l'ornementation de cet autel.

C'est précisément à propos de ce Crucifix qu'on mentionne pour la première fois la présence de Donatello à Padoue : le 19 juin 1444, il reçoit de l'Arca (fabrique) du Santo un à compte sur le prix d'exécution du modèle en cire d'un Crucifix. Il résulte d'un second payement de la même année, que Giovanni de Pise était occupé à ce travail en qualité d'aide du maître. La fusion et les ciselures étaient complètement finies en 1448; car, à cette époque Nicolo, un autre élève de Donatello, touche une certaine somme pour le polissage. Le 23 juin de l'année suivante, Donatello, après avoir doré le diadème du Christ, reçoit le complément de sa rémunération. Les livres de l'église mentionnent un payement effectué à la date du 6 juin 1448, à titre de dernier à compte sur le prix des statues des saints. Cependant, ce ne doit pas être le solde de ce qui était dû à Donatello, puisqu'il est obligé, en 1456, de s'en remettre aux soins d'un avoué pour faire rentrer le reste de ses honoraires. Quant à l'époque d'exécution des différents bronzes, nous ne saurions la préciser, sauf celle du Saint François et du Saint Louis; ils ont été commandés à l'artiste le 23 juin 1446, en même temps que les reliefs de la Vie de saint Antoine, et moyennant 40 ducats. Il est probable que les autres figures datent d'une époque antérieure; ce sont celles de la Vierge avec l'Enfant, de Saint Antoine de Padoue, de Prosdocimus (missionnaire de Padoue), de Saint Louis, de Saint Daniel et de Sainte Justine.

Comme l'ancien maître-autel a subi une transformation totale au milieu du XVII° siècle, et que ses ornements plastiques ont été dispersés dans les différentes parties de l'église, nous sommes obligés, pour nous représenter la place occupée autrefois par les statues, de nous en rapporter au travail malheureusement trop superficiel et trop incomplet, de l'*Anonimo* (publié par Morelli). Néanmoins, telle qu'elle est, cette description nous permet de nous faire une idée du groupement primitif.

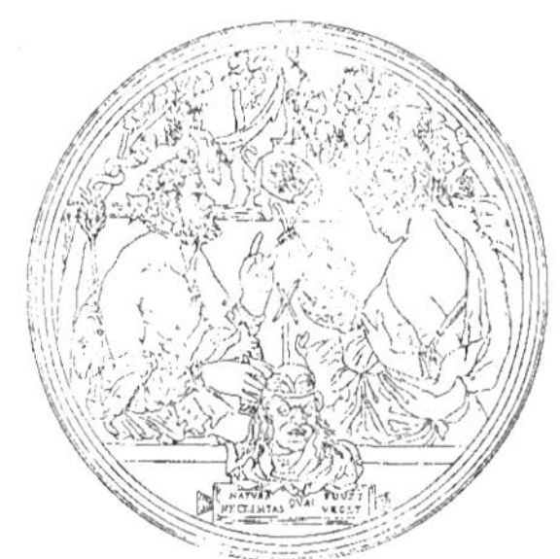

LE CRUCIFIX ET LES STATUES

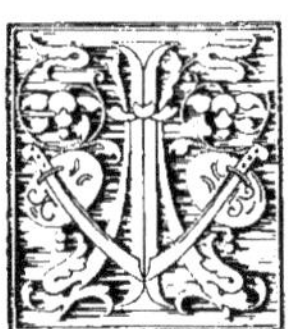

SOLÉE et précédée de quelques marches, la large table d'autel portait le Crucifix; au-dessous on voyait la statue assise de Marie, et de chaque côté deux figures de saints. Les deux autres saints, dont l'Anonyme ne fait pas mention, étaient sans doute placés aux angles d'une balustrade, qui montait de chaque côté jusqu'au-dessus de l'autel. Gonzati pense que toutes ces figures, ainsi que le Crucifix, reposaient jadis sur une arcade qui limitait le chœur. Cette opinion nous paraît inadmissible, parce que les statues ne sont pas tout à fait de grandeur naturelle et ne sont pas faites non plus pour qu'on en diminue la hauteur à volonté. Devant et derrière le dessus de l'autel, deux bas-reliefs, figurant les Miracles de Saint Antoine, encadraient un bas-relief de la Piété; les bas-reliefs angulaires étaient sans doute ceux qui représentent les Symboles des quatre évangélistes. Par derrière s'étendait le grand bas-relief en stuc de la Mise au tombeau, que l'*Anonimo* désigne par erreur comme une œuvre en marbre. Les douze bas-reliefs représentant des Anges musiciens et chanteurs, dont l'*Anonimo* ne parle point, étaient probablement disséminés au milieu des autres bas-reliefs; peut-être servaient-ils d'ornement aux pilastres en saillie sur les murs de l'autel.

Les statues des Saints, dont Saint Antoine et Saint François seulement ont pu être moulés et reproduits par la phototypie (car les autres sont placées trop haut), sont empreintes du caractère éminemment réaliste de la seconde manière de Donatello. Tel est aussi le caractère du Sauveur crucifié. Pour s'en convaincre, il suffit de le comparer avec le Crucifix en bois de l'église de Santa Croce de Florence, qui a été fait environ vingt-cinq ans plus tôt, et auquel on reproche, à tort, depuis Vasari, un réalisme exagéré. Le Christ du Santo se distingue par une application plus sévère et de profondes connaissances anatomiques, l'idée de la mort, déjà survenue, y est exprimée avec une vigueur et une maëstria sans pareilles. Cependant, l'artiste, pour arriver à cette impression, n'a pas eu besoin de recourir à l'effet d'horreur qui caractérise le célèbre Christ mort de Hans Holbein, à Bâle.

Dans les figures des Saints, comme partout ailleurs, Donatello s'efforce avant tout de rester individuel. Il choisit ses modèles dans son entourage : le Saint François comme le Saint Antoine, dont nous avons les reproductions phototypiques sous les yeux, sont des types de moines parfaitement caractérisés. Le premier est une nature rigide et ascétique, chez laquelle des privations et des mortifications volontaires pouvaient facilement produire l'extase et les visions; le second, au contraire, est le modèle frappant d'un moine honnête et bienveillant, bienfaiteur aimé de sa ville et de son pays. La physionomie, comme l'attitude et le costume de toutes ces figures, est, avant tout, individuelle, c'est-à-dire entièrement conforme à la réalité, et parfois même au détriment de la grandeur et de l'énergie, que Donatello a su rendre si magistralement dans ses sculptures antérieures. Si donc les statues de l'autel du Santo manquent un peu de grandeur, qualité que le maître possédait au plus haut degré, il faut peut-être en attribuer la cause à ses élèves. Bien qu'en effet, les livres de l'église n'en citent aucun par son nom, nous pouvons supposer, d'après les documents sur les autres œuvres du Grand Autel et d'après l'indication de nombreux payements faits entre leurs mains, sans désignation spéciale, qu'un certain nombre de ses élèves ont dû collaborer avec lui.

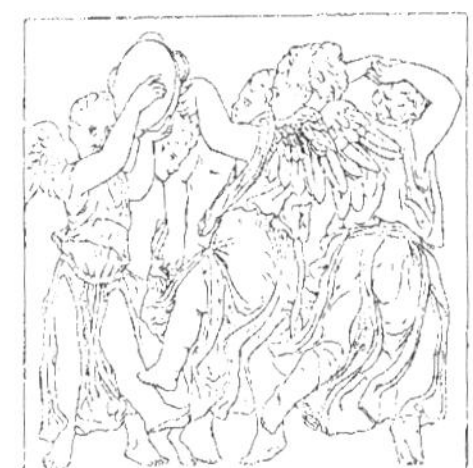

LA MISE AU TOMBEAU

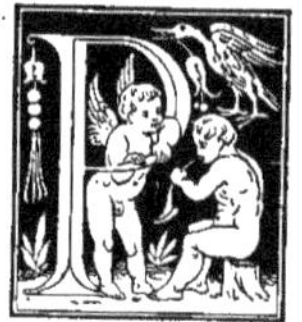

OSTÉRIEUREMENT, au pourtour du chœur et au-dessus d'une petite porte qui conduit dans le grand chœur, se trouve placé aujourd'hui le grand bas-relief qui représente la Mise au tombeau; il ornait primitivement le derrière du maître-autel. L'Anonyme prétend que cette œuvre est en marbre, tandis qu'en réalité elle est en stuc, défiguré aujourd'hui par une couche de bronze et recouvert jadis d'une couche de peinture. Les registres du Santo ne font aucune mention de cet ouvrage. Il est donc probable qu'à l'origine, ce travail n'était point destiné à l'autel; c'était plutôt un projet pour un bas-relief en bronze, ou une œuvre qui devait provisoirement occuper une place vide. Les grands maîtres du temps avaient précisément l'habitude d'employer le stuc pour les décorations provisoires, la matière se prêtant parfaitement à un travail rapide. La Mise au tombeau est donc traitée largement, voire même superficiellement dans certaines parties; néanmoins l'ensemble a quelque chose de si vigoureux et de si *nature*, que, malgré l'exécution sommaire, malgré l'effet désagréable que produit le vernis du bronze, il est aisé d'y reconnaître la main du maître et du maître seul.

L'*Ambraser Sammlung*, à Vienne, possède une Mise au tombeau en bronze, de petite dimension, mais se composant d'un plus grand nombre de figures; cette œuvre rappelle beaucoup, au point de vue de l'exécution, les petits bas-reliefs de Padoue. Une grande plaque chez M. Fortnum, en Angleterre, reproduit identiquement ce grand stuc de Padoue. Ce sont, d'ailleurs, les travaux de ce genre que l'école des peintres padouans, et notamment Mantegna, aimaient à prendre pour modèles.

Ce grand bas-relief a été changé deux fois de place; il occupe aujourd'hui, dans la partie postérieure du pourtour du Chœur, le dessus de la petite porte qui donne accès au grand Chœur.

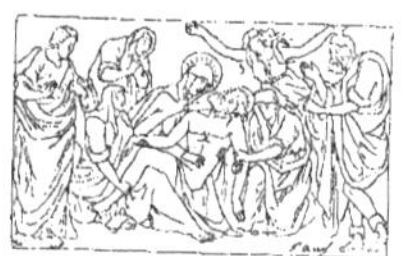

LES BAS-RELIEFS DE LA PIÉTÉ

PLANCHES IV-V.

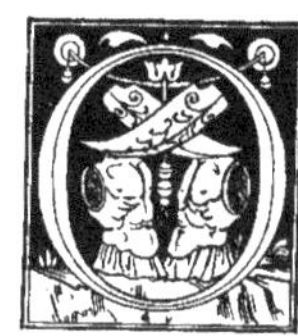

N remarque actuellement deux représentations de la Piété, placées entre les bas-reliefs des Miracles de saint Antoine, ornant le devant du maître-autel et l'autel de la chapelle du Saint-Sacrement. La dernière seulement est due à Donatello : c'est le Christ au tombeau pleuré par deux anges, qui tiennent le drap mortuaire étendu derrière lui. Cette composition n'est point marquée au coin de ce naturalisme sévère qui distingue le Crucifix et la Mise au tombeau ; sa forme et son expression respirent, au contraire, une douceur, une tendresse rare chez Donatello, et qui est la qualité dominante de la Piété bien connue de Bellini, jadis attribuée à Montagna, aujourd'hui, dans la galerie de Berlin. La seconde *Pietà* est un travail de peu d'importance, qui même, par sa conception, ne rappelle ni Donatello ni aucun de ses véritables élèves. Les documents de l'*arca* du Santo ne nous fournissent aucun renseignement sur ces deux ouvrages.

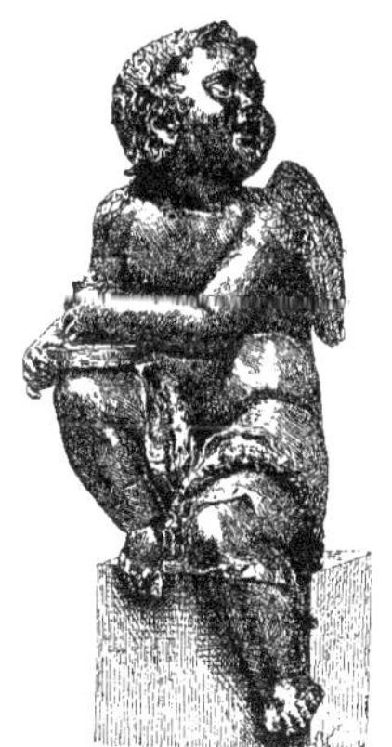

LES SYMBOLES DES APOTRES

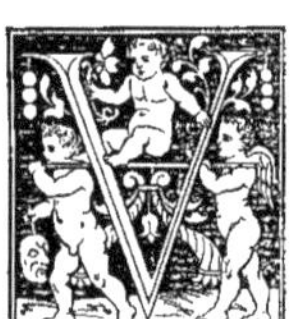

ERS le 27 avril 1446, Donatello obtient une double commande, celle des Anges musiciens et celle des quatre reliefs figurant les Symboles des Apôtres; les honoraires pour ce dernier travail, y compris la dorure du bronze, furent fixés à 16 ducats pour chaque relief. Dans le marché se trouvent nommés, outre Donatello, quatre de ses élèves, que nous apprendrons à mieux connaître tout à l'heure. Il ressort des payements effectués l'année suivante (1447) que chacun d'eux a exécuté un des quatre bas-reliefs. La part de Donatello se réduirait donc ici à la conception de l'œuvre et à la surveillance des travaux. Ce qui nous porte à croire que la conception est bien de Donatello, c'est le grand style qui caractérise l'exécution des animaux, dont l'artiste avait déjà donné une preuve dans le fameux lion du Palazzo Vecchio et les armoiries des Martelli, à Florence. La manière dont chaque bas-relief est exécuté porte l'empreinte du talent individuel de chaque élève : le bœuf du Saint Luc est un peu mou et manque de caractère; l'aigle du Saint Jean est peut-être d'un ton trop dur est trop fini; le lion du Saint Marc est magnifique, et l'ange est d'une douceur sans égale.

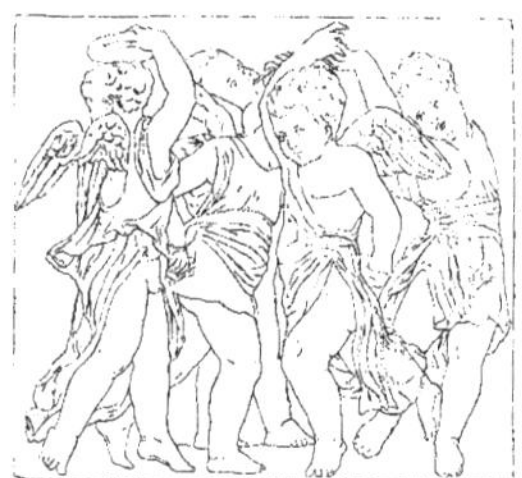

LES MIRACLES DE SAINT ANTOINE

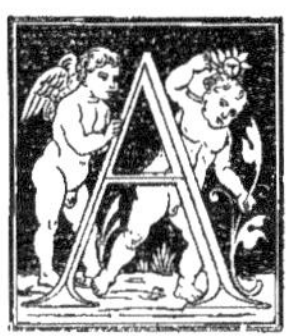VEC les statues de Saint François et de Saint Louis, on commanda également à Donatello (23 juin 1446) quatre plaques en bas-relief, qui devaient représenter la vie miraculeuse du patron de l'église. On lui accorda, pour chacune de ces plaques, 85 ducats d'honoraires. A en juger par les nombreux payements partiels que l'administration de l'église a effectués, en 1447, au nom de Donatello et de plusieurs de ses élèves, les quatre bas-reliefs étaient déjà terminés dans le courant de cette année. Le chapitre de l'église a chargé, à deux reprises différentes, les artistes les plus illustres de traiter le même sujet; les sculpteurs vénitiens, depuis les jeunes Lombardi jusqu'à Jacopo Sansovino, ont été occupés à décorer les murs de la riche chapelle de Saint-Antoine de grands bas-reliefs en marbre, destinés à rappeler ses Miracles. Presque à la même époque, le Titien reçut, avec quelques-uns de ses contemporains de Padoue et de Venise, la mission d'orner les murs de la Scuola du Santo de fresques représentant le même sujet. Dans ces peintures, le Titien a déployé son admirable talent de coloriste, et quant aux bas-reliefs en marbre des sculpteurs vénitiens, ils sont du moins d'une netteté irréprochable. Mais Donatello, dont les bas-reliefs de bronze ont le mérite d'avoir été conçus en premier lieu, est le seul qui ait su imprimer un caractère réellement dramatique à un sujet aussi ingrat que la représentation d'une série de miracles. Ses compositions, remplies de figures, sont si heureusement développées, l'action y est si vive, et le groupement des divers personnages si varié, l'artiste a si bien tiré parti de tous les détails originaux d'architecture et du moindre motif de décoration, que cette œuvre est assurément ce que nous ont laissé de plus parfait Donatello et l'école florentine en général.

Voici les Miracles représentés dans ces bas-reliefs : dans le premier, saint Antoine donne la parole à un nouveau-né, pour qu'il témoigne de l'innocence de sa mère, soupçonnée par un mari jaloux. Dans le second, saint Antoine cherche à convaincre les infidèles de Rimini de la puissance merveilleuse de l'hostie, en faisant venir à l'autel un âne affamé, qui s'agenouille sans toucher au pain bénit. Ces deux compositions garnissent le devant de l'autel de la chapelle du Saint-Sacrement, fondation due à la libéralité de la veuve de Gattamelata. Les deux autres bas-reliefs se trouvent sur le devant du maître-autel, dans le grand chœur. Dans l'un, saint Antoine démontre de la manière suivante la vérité de ce proverbe de l'Évangile : « Où sont vos trésors, là aussi sera votre cœur. » Il ouvre la poitrine d'un avare mort et montre qu'elle est vide, tandis que, sur son ordre, s'ouvre une caisse pleine d'or, où apparaît le cœur du défunt. Le quatrième et dernier bas-relief représente le moment où saint Antoine opère la guérison d'un jeune homme qui s'est brisé la jambe dans un accès de colère, en donnant un coup de pied à sa propre mère.

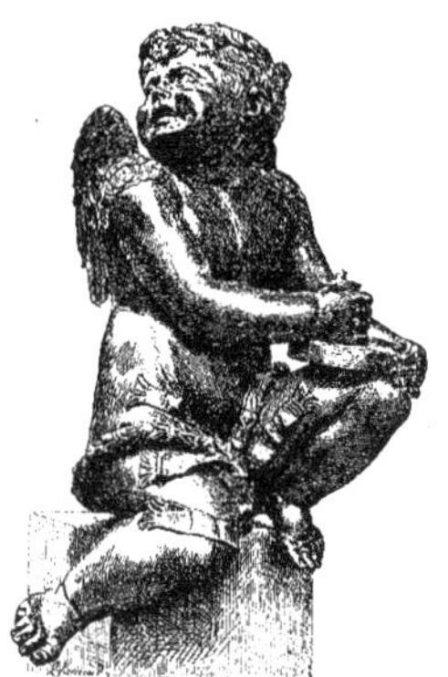

LES ANGES CHANTANTS

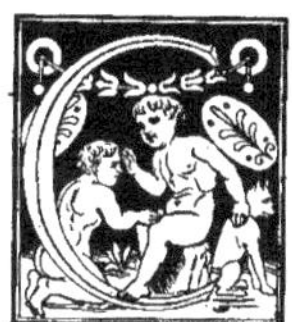

'EST le 27 avril .1446 que *l'Arca* du Santo commanda, en même temps que les Symboles des Apôtres, dix bas-reliefs en bronze, représentant des Anges; le marché ne fut pas conclu seulement avec Donatello, mais aussi avec cinq de ses élèves ou aides *(garzoni)*. Ce sont : Giovanni da Pisa, Urbano da Cortona, Antonio di Cellino da Pisa, Francesco del Valente et le peintre Niccolò. On fixa les honoraires à 12 ducats par bas-relief. Tout se trouva payé dans le courant de l'année 1447. L'année suivante Donatello touchait une nouvelle somme pour un onzième ange, ajouté après coup; et bientôt après Antonio di Cellino recevait un solde pour un autre ange, probablement le douzième.

C'est à ces Anges surtout que les bronzes de Donatello, à Padoue, doivent aujourd'hui leur immense renommée. La grâce de leur pose, la finesse de leurs traits, le charme de leurs mouvements et de leur attitude en général, n'échappent même pas à ceux qui sont heurtés par le caractère de naturalisme de certaines œuvres des maîtres, notamment de son Crucifix et de sa Mise au tombeau. Assurément, au point de vue de l'importance artistique, ses Anges ne valent pas ces deux dernières œuvres, et ils sont même de beaucoup inférieurs aux Miracles de saint Antoine. On remarque, d'ailleurs, entre eux des différences notables : ainsi, les deux joueurs de flûte sont des bambins très-robustes, d'une corpulence choquante et d'une attitude peu convenable; évidemment, ils ne peuvent être attribués à Donatello lui-même. Par contre, l'un des deux bas-reliefs aux Anges chantants est d'une pureté de conception et d'exécution vraiment idéale. Il faut en dire autant du petit Ange qui joue du tambourin.

Les élèves de Donatello ont pris une large part à tous ces travaux; c'est un fait incontestable, qui ressort des marchés conclus où sont nommés cinq de ses élèves, et des reçus des divers payements effectués plus tard entre leurs mains.

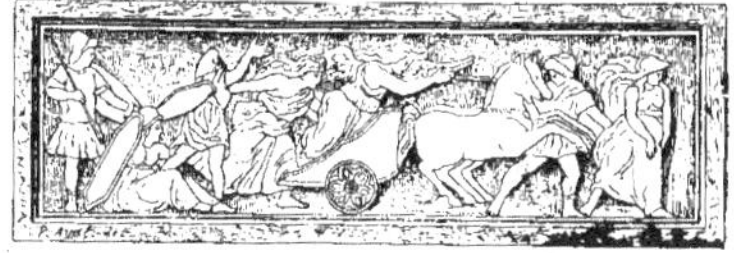

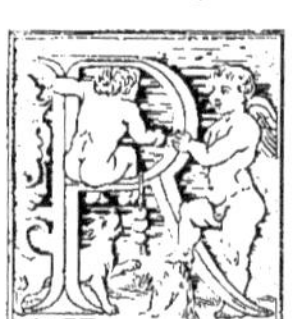

IEN ne nous empêche de croire que Donatello n'ait appelé à lui comme collaborateurs quelques-uns de ses nombreux élèves ou aides de tout génie, pour les travaux exécutés à Padoue; les documents authentiques que nous possédons sur cette matière nous permettent même de jeter un coup d'œil dans l'atelier du maître. Il est toujours secondé par un fondeur de cloches, chargé de la fonte de ses bronzes, et de plusieurs artistes spéciaux pour le polissage et la dorure. Pendant les travaux préparatoires et à mesure qu'avançait la besogne, pour l'exécution du modèle et pour la ciselure, une foule d'élèves, d'aides et de praticiens étaient occupés chacun selon sa spécialité. Dans certains cas, l'esquisse seule est l'œuvre du maître, qui peut-être, au dernier moment, retouchera un peu le travail.

Outre le traité, qui nous révèle les noms de plusieurs disciples et auxiliaires du maître, on peut lire sur le bas-relief décrit plus haut, qui représente le Miracle du cœur de l'avare, deux inscriptions ainsi conçues, à gauche : « Ser Antonio di Giovanni de Senis et suorum », et à droite : « Ser di Piero Bartolomeo et suorum ». On peut en conclure que chaque côté de cette œuvre, relativement petite, a dû être spécialement commandée. L'un a été exécuté par un artiste de Sienne qu'on croit élève de Quercia, et par les siens, l'autre par un artiste de Parme et un artiste de Bologne; tous deux avec leurs auxiliaires.

Ces inscriptions sur l'œuvre même nous ont transmis les noms de ces artistes; toutefois les livres comptables du Santo n'en font aucune mention, ce qui semble démontrer que ces sculpteurs ne jouissaient pas d'une grande célébrité à l'époque. Mais, en revanche, des travaux personnels de quelques-uns des cinq élèves de Donatello, mentionnés sur les registres de l'église, sont parvenus jusqu'à nous. Le magnifique autel de la chapelle des Eremitani, à Padoue, que décorent les fresques de Mantegna, est dû à *Giovanni da Pisa* : on y voit la Vierge, trônant au milieu de quatre saints, et au-dessus une frise charmante avec des enfants qui jouent. Cette œuvre, tout en argile, est d'un style très-fin et rappelle beaucoup les reliefs en bronze du Santo, qui, tant au point de vue de la conception que de l'exécution, ont certainement servi de modèle à Giovanni. Il reste encore à Sienne quelques ouvrages du sculpteur Urbano di *Pietro da Cortona*, originaire de cette ville; c'est d'abord un motif de décoration au-dessus de la porte de l'église Sainte-Catherine, représentant la Sainte au milieu de deux anges, puis le splendide tombeau de Cristoforo Felici (1486) dans l'église Saint-François. Ces deux œuvres portent plutôt l'empreinte de la manière de l'artiste siennois que de celle de son maître Donatello.

Si l'école que Donatello a formée autour de lui à Padoue est très-importante, l'influence qu'il a exercée sur les beaux-arts de toute la Haute-Italie est plus importante encore. Presque tous les statuaires de la Renaissance, notamment Mantegazza et Amedeo, et même les Lombardi de Venise, se sont pénétrés de son génie.

On peut même dire que les plus grands peintres de l'époque, Mantegna et les deux Bellini, ses condisciples dans les ateliers du Squarcione à Padoue, ont souvent demandé leurs inspirations aux œuvres de Donatello. Qu'on parcoure la Toscane, les Romagnes et l'Ombrie ; qu'on visite tour à tour Florence, Rimini, Pérouse, Sienne : on sera frappé de l'influence que Donatello a exercée sur les artistes de son temps. Cette influence est telle, que jusqu'à une certaine époque on a pu attribuer au maître un nombre considérable d'œuvres qui doivent être restituées à de très-nombreux élèves ou auxiliaires dont l'histoire ne nous a pas conservé le nom, mais qui avaient emprunté au maître cet accent génial, ce caractère hautement personnel, à la fois grandiose et âpre, qui font de Donatello un artiste à part et de tout premier ordre.

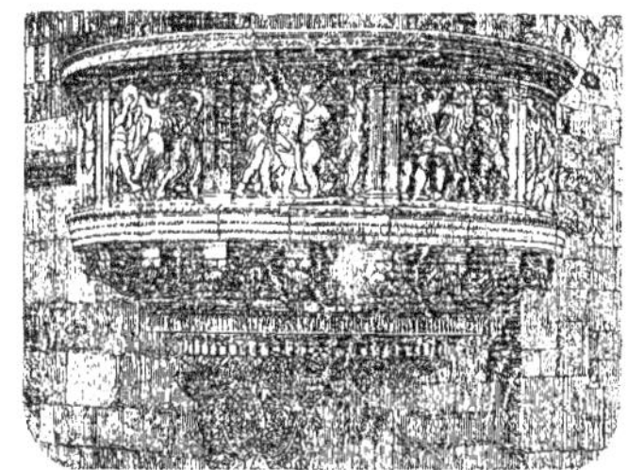

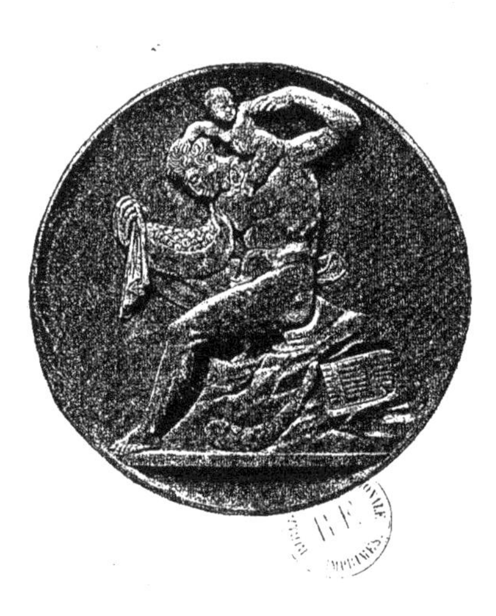

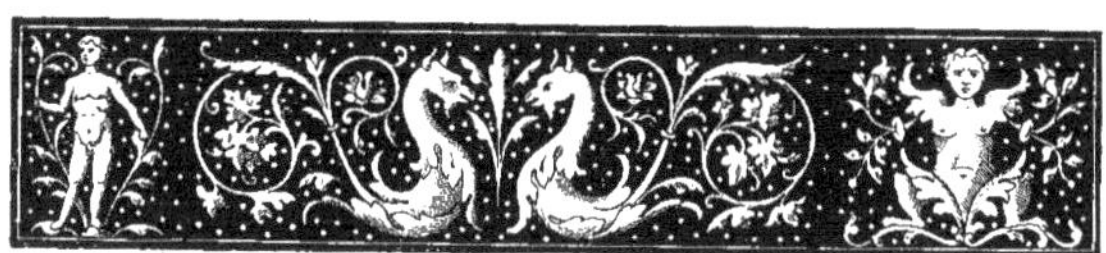

TABLE DES PLANCHES

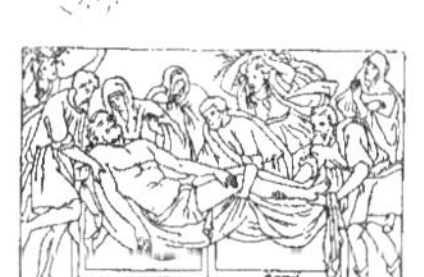

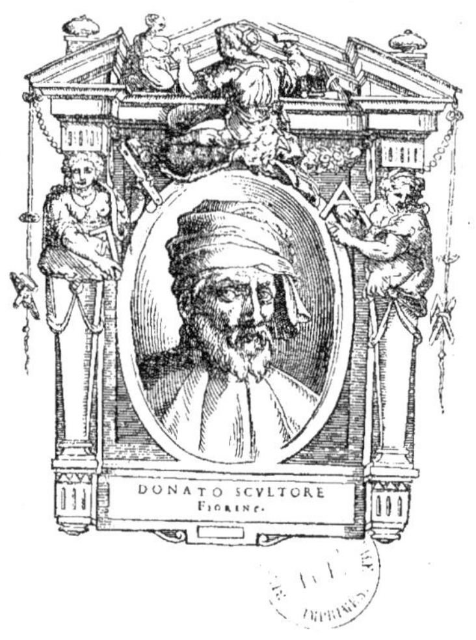

DONATO SCVLTORE
Fiorine.